AF240088

99 A. **GUERIN** (Charles), 1873-1907. **L'Art parjure.** Munich, sans
nom d'éditeur (Imprimerie Kutzner), 1894; in-8 allongé, non paginé,
couverture rouge vif (ÉTUI et chemise cartonnage, avec titre or sur
pièce peau) .... 3.500 fr.
EDITION ORIGINALE.
Tirage limité à **30 exemplaires** seulement, tous sur **Hollande.**
Précieux exemplaire de José-Maria de HEREDIA (**envoi autographe** signé,
sur la page de titre).
Le nom du maître parnassien est une rencontre d'un grand prix sur cet
ouvrage que Guérin appelle justement, dans sa dédicace (imprimée) à Mal-
larmé : une « *tentative d'un Symbolisme parnassien* ».
Très bel exemplaire, de remarquable provenance, du plus rare recueil poéti-
que de Charles Guérin.

Préface de Charles Huysmans (10 p.). La couverture est ornée d'u[n] [mi]-
niature (en couleurs) par Filiger. L'ouvrage est complété par une Ta[ble]
chronologique, une Table des quelque 300 ouvrages consultés et un Ind[ex]
général donnant plus de 1.000 références.
Véritable EDITION ORIGINALE (dite « des Souscripteurs ») limitée
220 ex. tous numérotés et signés par l'auteur.
Un des **10 exemplaires sur Hollande.**
Exemplaire neuf, non coupé. Rare sur ce papier.

97. **GOURMONT** (Remy de), 1858-1915. **Hiéroglyphes** et autr[es]
poèmes. Paris, Mercure de France, 1894; in-4 oblong, non pagi[né]
(43 p.) RELIÉ demi-**maroquin** gris à coins, avec mosaïque de maroqu[in]
vert et décor doré en lignes brisées au mors; dos bien orné, av[ec]

CHARLES GUÉRIN

L'Art Parjure.

Cette plaquette a été tirée à 30 exemplaires.

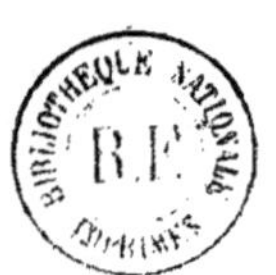

Au Poète absolu,

    Stéphane Mallarmé,

soit dédiée

Cette tentative d'un Symbolisme parnassien.

C. G.

L'Art Parjure.

L'Art Parjvre.

La douleur du couchant s'irradiait aux vasques
Dont le granit chantait sous la chute d'eau fraîche,
Et les marbres jaunis de mousse ouvrant leurs vases
Les emplissaient des feuilles d'or aux frissons frêles.

Au mur du parc que le soleil saignait de brèches,
Une vierge, les mains se joignant pour l'extase
Aux ongles amincis d'ivoirine irréelle,
Rayonna dans l'éclat qui pâlissait son masque,

Troué de gemmes jumelles d'un vert de jaspe.
Et l'Advenue anonchalit, d'un geste las,
Mes lèvres closes au miel rose de sa gorge.

Et j'écoutai fleurir en moi sa voix, câline
D'être jadis passée au cœur des roses mortes,
Et si blanche, on eût dit une neige de lys.

*
*   *

Je suis, adolescent poëte, l'Androgyne.
En mes yeux verts dort la Beauté, mon origine
    Flamboie à la source du Temps.
Comme un soleil j'ai dissipé l'antique brume;
Dans mes veines bleuit le sang mêlé d'écume
    Jailli sous la faulx des Titans.

Impassible et changeant, j'ai vogué sur la houle
Des siècles, enivré du piédestal qui croule
    Après un autre piédestal;
La mer des adorations et des insultes
Déferlait à mes pieds, et sur mes pieds les cultes
    Se brisaient comme du cristal.

II

J'ai courbé les genoux rigides des génies
Pour leur ouvrir les chants de gloire et les nénies,
    Et mon baiser créa Sappo;
J'ai fondu le buccin terrible d'Euripide,
Horace m'écouta sur sa lyre limpide
    Et Virgile sur son pipeau.

Cime du temple ancien, base de la Kabbale,
Je suis commencement et fin; Elagabale
    A son cône de marbre noir
Enchâssa mon symbole en la pierre de lune.
Je m'engendre et je suis la matrice commune
    Et l'insatiable miroir.

J'ai traversé les flots rongeurs des décadences,
Purifié daus leurs remous troubles et denses
        De sanglantes ablutions,
Et je démuselai les Rhythmes et le Nombre
Pour le combat, quand grondaient trop haut dans mon ombre
        Les lions Révolutions.

Hommes, vous croyiez que l'Amour était un cloître
Où votre orgueil fut libre de vivre et de croître
        Au sein d'une divinité!
Et vous êtes toujours songeurs devant l'Arcane,
Et le mystérieux Sachant voilé ricane
        Et raille votre éternité.

III

Passez, hommes, fauchez la moisson de l'Histoire;
Le Temps repu, par la gueule du vomitoire
        S'apprête à baver son repas;
Hommes, passez, vous n'aurez pu qu'à peine étreindre
La vie, et dans la nuit voici bientôt s'éteindre
        Le fourmillement de vos pas.

Vous dresserez des pyramides sur le sable,
Et vous proclamerez votre oeuvre impérissable
        Que le ver déjà ronge au bout,
Et les Hugos s'entasseront sur les Sophocles,
Et les dieux balayés changeront sur les socles,
        Et moi je resterai debout.

Sur la Bête aux sept têtes des Apocalypses
Je poserai mes pieds d'azur, et les éclipses
    Qui dévoreront les soleils,
S'épouvantant d'entendre alors ma voix altière
Parler dans l'infini, cracheront leur lumière
    Pour en éclairer mes réveils.

Sur l'Espace et le Temps je régnerai sans bornes,
Car, l'Etre ferment vague encore aux gouffres mornes
    Sous le chaos originel,
J'ai scellé dans le fond de mon âme insondée
Le diamant indestructible de l'Idée
    Qui fait l'Androgyne éternel.

*   *   *

IV.

Une branche effleurant l'eau rida le silence
Où s'était rendormi le parc crépusculaire.
Or la vierge, du bout des ongles, nonchalante,
Déchira son peplos sur sa chair froide et claire.

Un geste défendit l'assomption des lèvres
Vers son impollué tabernacle d'ivoire ;
Et ses yeux exsudaient de vénéneuses sèves
Et le vertige aigu de boire à leur ciboire.

Sa bouche palpita, mais la voix refleurie
Semblait s'être frôlée aux feuilles des cigues ;
Et près des bancs rougis les aegipans roux rirent
Dans leurs gaînes de marbre. Alors l'Etre ambigu

Parla:

　　Sens-tu dans l’ombre la forêt affreuse
De vie où ton chemin sans bords ni fond se creuse
　　　A l’envergure de linceul?
Il faut marcher, il faut marcher, ta destinée
Fore son trou d’avance au pas de chaque année;
　　　Marcheras-tu par la nuit, seul?

　　Vas-tu choisir quelque enfant frêle, âme rieuse
Qui courbera ton amertume impérieuse
　　　D’une caresse de sa main,
Et secouera pour ton repas l’arbre qui penche,
Te préservant d’essuyer à ta barbe blanche
　　　Le dos des crapauds du chemin?

　　Aimeras-tu la femme forte aux gestes calmes,
Dont les baisers seront des passages de palmes,
　　　Baume aux fièvres de mauvais lieu,
Et qui par les vents froids lacérant les crinières
Des chênes morts, te montrera dans les ornières
　　　L’empreinte de l’orteil de Dieu?

　　Si ton sang se fige en tes veines, prends la gouge;
A l’heure des lassitudes son spectre rouge
　　　Enfoncera comme des clous
Dans ton âme le rire âpre et les chansons mièvres,
Dans ta chair la saveur stridente de ses lèvres
　　　Qui feront les faunes jaloux.

Tu marcheras en déchirant aux buissons noirs,
Chaque jour, la toison folle de tes espoirs;
    La tête appesantie au ras
Des mousses qui rongent la margelle des puits
Par un poids effrayant d'aurores et de nuits,
    Tu marcheras, tu marcheras.

Un soir, Quelqu'un viendra te réclamer la dîme,
VI Qui poussera de l'aile avec toi dans l'abîme
    Ta foi, ta fange et ta fraîcheur:
L'Enfant, la Femme Forte et la Prostituée.
Et tout se taira, l'Ombre étant habituée
    Aux pas profonds du vieux Faucheur.

* *

Clos de songes le seuil de la forêt obscure
Où s'enlacent en vain les roses d'Epicure
    A la croix du Nazaréen,
Et si tu m'aimes, tu boiras aux verts calices
De mes yeux, et ton front pâlira de délices
    Sur mon buste marmoréen.

VII

Je briserai le fouet des savantes luxures
Sur ta poitrine, et pour laver les meurtrissures
    Je broîrai des dents du piment ;
Tu sentiras siffler la sanglante salive
Dont, à plaisir, je veux torturer ta chair vive,
    Moi ta maîtresse et ton amant.

Par mon pouvoir tu revivras toutes les fêtes,
Tu liras sur la pierre où le nom des prophètes
    Sous les siècles s'est effacé,
Ruant ton sommeil rude aux seins raidis des reines
Que, tels des fétus clairs, roulera dans tes veines
    Le fleuve immense du Passé.

Et pour dresser une tiare à tes poëmes,
Mes ongles mêleront les entrailles des gemmes
    A l'or des crépuscules roux,
La lave des volcans jaillira sous ma verge,
Et je ferai surgir du lit de la Nuit vierge
    Les étoiles comme des poux.

Et quand la rouille aura rongé le bronze morne
De tes vers, quand la Mort clamera dans sa corne
    Aux falaises de l'Infini,
Quand ta croix saignera debout par l'étendue,
La voix se desséchant à ta bouche tordue
    Pour le Lamma Sabacthani,

VIII

J'exhausserai jusques à tes lèvres l'Eponge
Lourde du suc visqueux et noir des fleurs de songe
    Qui croissent au fond du Léthé,
L'âcre Eponge que j'ai trempée avec la Lance
Dans l'éternel océan d'ombre et de silence :
    La prunelle du Révolté.

C'est l'Oubli, la liqueur d'orgueil et de luxure
Qui pansera, le soir venu, l'âpre morsure
    Du dégoût ; c'est l'Oubli rayant
Ton corps des conviés à la Mauvaise Table,
C'est l'Oubli, viatique pour ta redoutable
    Assomption vers le Néant.

*
*   *

L'Androgyne songeait ; sa nudité suprême
Frissonna sous les cieux, radieuse rumeur,
Et pareil, dans l'espace où flamboyait sa tête,
A quelque sardonique et monstrueux semeur
Il élargit son geste en gerbes de blasphèmes :
Tu souffleras sur ton espoir en ce qui meurt,

Car je livre à ta foi mon éternité seule ;
Et tel le grain que va broyant la lourde meule,
    Et tel le fer aux laminoirs,
Je jetterai tes croyances et tes prières,
Les chevaliers et les saintes de tes verrières
    Aux bras puissants de mes pressoirs.

IX

J'y sèmerai l'essence arrachée au sépulcre
Des dieux anciens ; les cendres chaudes de leur fulcre
    Refleuriront de rouges chairs,
Et le vin convulsif écumant dans les cuves
Palpitera, chargé de vivantes effluves,
    Dans les artères de tes vers. —

A l'Œuvre, et que tes pieds ensanglantent la bêche,
Que l'acier noir fasse crier la terre sèche ;
    A la mesure de ton corps
Creuse un trou sombre où s'engloutissent les familles
Comme le bois pourri que le vent aux charmilles
    A cassé sur les arbres morts.

Le stupide bétail des piétés humaines,
Pour les écœurements pend aux crocs de mes haines,
        J'en ai la boue à mon manteau;
Fais mon Œuvre! après les Familles, les Patries;
Après le bois pourri que les feuilles flétries
        S'engloutissent sous ton rateau.

Emplis en jusqu'aux bords la fosse où tu te courbes...
Et vends ton Dieu, les poings liés, aux marchands fourbes
        Qui pullulent sur les charniers;
Vends donc, elle éclora des grincements du coffre
La voix de mon amour: les lèvres que je t'offre
        Sont au prix de Trente Deniers.

*Il s'était tu; sa bouche s'empourprait d'écume
Et des gouttes de sang perlaient aux ongles fins ...
Il passa, tel se fane un songe . . . et dans la brume
Deux étoiles tremblaient sur la fuite des seins.*

         *
*   *

Du front heurtant les siècles éventrés, la Sphynge
Flagella l'infini de ses ailes de fer
Jusqu'à l'aube où d'un cri l'angoisse de la chair
Tordit les cent roseaux rugueux de ma syringe. —

L'ombre est dans l'antre où mon orgueil me relègua,
Et la mousse du Temps croît sa lèpre maudite
Sur les serments dont me saoulait l'Hermaphrodite :
J'attends toujours l'Oubli promis au Renégat,

L'Etre parjure a bafoué son créancier,
Et sous son souffle amer chaque automne de l'heure
Flétrit un spectre las de me supplicier.

XI

L'écho seul m'a repu de railleuses réponses,
Et mon âme, charogne en dérive, s'enfonce
En tournoyant dans la Ténèbre intérieure.

—*—

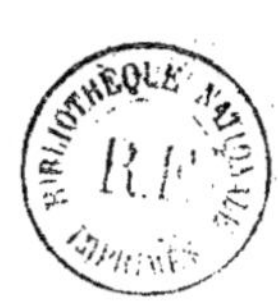

15—23 Avril.

H. Kutzner, Imprimerie, Munich.

www.ingramcontent.com/pod-product-compliance
Lightning Source LLC
LaVergne TN
LVHW021448060726
842527LV00006B/2122